◆上淀の八朔綱引き・9月第1日曜日・米子市淀江町福岡地区→③

▲節分祭・2月3日・京都市 北野天満宮→①

♥葵祭・5月15日・京都市 下鴨神社／上賀茂神社→④

★隠岐のシャーラ船（精霊船）・8月16日早朝・西ノ島町→②

◆御田植祭・8月2日〜3日・岡山市 吉備津彦神社→③

◆十日えびす・1月9日〜11日・西宮市 西宮神社→③

石清水八幡宮→④

♥日吉大社山王祭・4月12日〜15日・大津市 日吉大社→④

島根県
鳥取県
広島県
岡山県
兵庫県
京都府
滋賀県
香川県
高知県
徳島県
大阪府
奈良県
和歌山県

この地図の見方

祭りの分類
▲病やわざわいをはらう夏祭り
●たましいを復活させる冬祭り
★先祖とともにすごす祭り
◆豊作・豊漁を願い感謝する祭り
♥世のなかの平安を祈る祭り

♥日吉山王祭・4月12日〜15日・大津市 日吉大社→④
　　祭り名
　　開催場所
　　日程
　　でてくる巻数

都道府県名

◆御田植祭・4月15日・琴平町 金刀比羅宮→③

◆塩原の大山供養田植・5月下旬（4年ごとに開催）・庄原市→③
♥管絃祭・7月中旬・広島市 厳島神社→④
●比婆荒神神楽・10月初旬〜12月下旬・庄原市西城・東城地区→①

★阿波おどり・8月12日〜15日・徳島市ほか県内各地→②

◆那智の火祭・7月14日・那智勝浦町 熊野那智大社→③

★十日戎・1月9日〜11日・大阪市 今宮戎神社→③
♥天神祭・7月24日〜25日・大阪市 大阪天満宮→④
★孟蘭盆会万灯供養・8月9日〜16日・大阪市 四天王寺→②

♥お水取り・3月1日〜14日・奈良市 東大寺→④
♥花会式・3月23日、25日〜31日・奈良市 薬師寺→④
♥春日若宮おん祭・12月15日〜18日・奈良市 春日大社→④

※この地図は変形してあります。
※祭りの名称は、その地方での表記にしたがいました。
※規模が大きくても、ここで紹介していない祭りもあります。
※開催日、開催場所は、年によってかわることがあります。

みたい！しりたい！しらべたい！

日本の祭り大図鑑

③ 豊作・豊漁を願い感謝する祭り

監修・著 松尾恒一

ミネルヴァ書房

ゆたかなくらしを願う

松尾 恒一

正月は年神さまをむかえるとき

「正月」は、一年の最初の月である1月（「睦月」ともいう）の別名ですが、現在では、1月1日から1月3日までを「三が日」、1月7日までを「松の内」*とよんで、とくにこの期間を「正月」とするのがふつうです。地方によっては、1月20日までを正月とすることもあります。

正月は、年神さまをむかえるときです。「年神」は、一年のはじめにやってきて、その年の豊作や、家族みんなが元気にくらすことを約束してくれる神さまです。

人びとは、門松やしめかざり、鏡もちなどをかざりつけて、年神さまをむかえます。

新年に交わすあいさつ「明けましておめでとうございます」は、年が明けて、年神さまをむかえる際の祝福の言葉だと考えられています。年神さまをむかえ、たがいにあいさつを交わして、一年の無事を祈りながら雑煮を食べます。日本にはこうした風習が、古くから伝わってきました。

*もともとは15日まで。松の内の期間は、地域により異なる。

「玉」と「魂」

雑煮は、だしや具の種類が地方や家庭によってちがうように、なかに入れるもちも日本各地でまったくことなります。おおよそは、関東より東が四角い切りもち、関西より西のほうは丸もちが多くみられます。

鏡もちは、全国どこでも丸い「玉」のかたちをしています。「玉」は「魂」のことで「命の源」です。人間が元気でいられるのは、たましいのエネルギーが高く強い状態であると考えられています。

正月の丸い「玉」といえば、子どもにとっての正月のいちばんの楽しみであるお年玉があります。

お年玉が丸い？ 硬貨ならわかるけれど？ 実は、お年玉は、むかしは丸いもちだったのです。神さまからお年玉をいただき、人びとが新しい年の命のエネルギーとしたのが、現在の「お年玉」のはじまりだといわれています。

正月かざりの種類

- **門松** 家や門の出入り口にかざる松かざり。年神さまが宿ると考えられている。

  松 この松をめじるしにして、年神さまが家におりてくる。松は一年じゅう葉を落とさないことから、長寿を象徴するものとして、おめでたいとされる。

- **しめかざり** 新しいわらでつくったかざり。年神さまをむかえてまつる、きよらかな場所であることをしめす。縁起ものをあしらい、玄関など家の入口にかざる。

  葉つきの橙 木から落ちずに大きく実が育つことから、代だい家が大きくさかえるように、という意味。

  紙垂 特殊な切り方をして折った紙。四手とも書く。神さまをむかえる場所がとてもきよらかなことをしめす。正式には白一色だが、最近は紅白も多く用いられている。

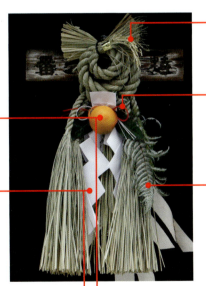

稲 むかしから五穀豊穣を願い、用いられる。稲穂がたくさん実ることから、めでたいとされている。

水引 吉凶ともに用いられる。吉事には紅白または金銀をつかい、ふたたびあるようにとの願いをこめて、輪むすびまたはあわじむすびにする。

うらじろ うらまで白い、ということで「うしろぐらいところのないように」と願う。

- **鏡もち** 年神さまをむかえいれたときのそなえもの。三方とよばれる四角い台に半紙をしき、もちをのせて縁起ものをそえる。

  昆布 「こんぶ」は「よろこぶ」にも通じるので、よろこぶことがありますようにと願う。「子生婦」とも書き、子宝に恵まれるようにという願いをこめる。

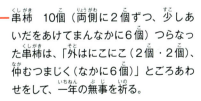

串柿 10個(両側に2個ずつ、少しあいだをあけてまんなかに6個)つらなった串柿は、「外はにこにこ(2個・2個)、仲むつまじく(なかに6個)」とごろあわせをして、一年の無事を祈る。

三方 鏡もちをのせる台。尊い相手(年神さま)にものをさしあげるときには、台にのせることが礼儀であることから用いられる。

豊作への祈りと感謝

年神さまが一年のはじめに豊作を約束してくれる作物は伝統的に稲とされています。

稲は、縄文時代後期に大陸から日本にもたらされ、弥生時代には日本列島のほぼ全域に広まりました。米は、古くから日本人の食べ物の中心とされてきましたが、小麦やあわ、ひえ、大豆などと比べても、カロリーが高く、エネルギー源・栄養源としてすぐれています。まさに新しい年の命のエネルギーとしてふさわしい食べ物なのです。

しかし、米が、日本じゅうで日常の主食として食べられるようになったのは、ごく最近のことです。収穫量が少なかったむかしは、収穫した米のほとんどが領主や大名に年貢として納められていました。農民は、正月などの特別の日しか米を食べることはできませんでした。

日照りがつづいたりすると凶作となります。虫や鳥、イノシシなどにあらされ、稲が実らないこともあります。むかしは、米の豊作は神さまに祈るほかしかたなかったのです。

田植えあとの水田のようす。

田んぼに立てられている一本足のかかしは、すずめなどの米を食べにくる鳥を追いはらうためといわれるが、稲の実りを願う田んぼの神さまとしてつくられ、田のあぜに立てられるようになったのがそのはじまり。

航海安全と豊漁の祈り

海に囲まれた日本列島では魚をとって食べることが日常的におこなわれてきました。

陸の道が整備される前の長い時代、海は人が移動したり物を運んだりする重要な道でした。中国・朝鮮半島などや東南アジアの国ぐにとの貿易にも海がつかわれました。

しかし、嵐にあったり浅瀬や岩などへぶつかったり、ときには海賊にあったりするなど、船で海をわたることには、大きな危険がつきまとっていました。そのため、航海の安全を神さまに祈ることが、さかんにおこなわれていました。

魚がどこにいるのかまったくわからなかった時代には、豊漁も豊作とおなじように、神さまに祈らざるを得なかったわけです。

おそろしい海の化け物

漁民のあいだでは、ひしゃくで水をくみいれて船を沈没させる化け物がいると信じられてきました。これは、「船幽霊」「あやかし」などとよばれるもので、水難事故でなくなった人の霊で、その霊にあったときには、底のあいたひしゃくをわたすと助かるといわれています。

海女のあいだでは、まじないを書いたかぶりものを身につけることで、海の魔物をよけることができると信じられてきました。

また、船そのものにも「船霊」とよばれ、たましいがやどると信じられていました。そのため、船が木でつくられていた時代には、女性の髪の毛や人形などを船体に船霊としてうめこみました。

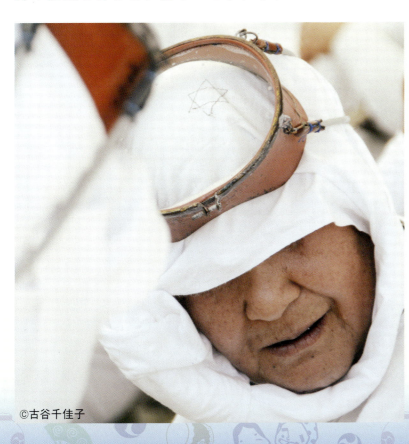
©古谷千佳子

海女さんの頭巾や手ぬぐいには、海の魔物から身を守るために、陰陽道に由来するしるしが入っている。写真の星形のしるしは「セーマン」とよばれるもの。

えびすさま

　豊漁をかなえてくれる海の神さまといえれば、つりざおと鯛をかかえた笑顔の「えびすさま」がよく知られています。

　このえびすさまは、しだいに幸福や商売繁盛をもたらしてくれる神さまとしてもさかんに信仰されるようになり、のちに市場の守護神とされたり、商業の発達とともに福利の神として広く信仰されたりするようになりました。現在、大阪、神戸などの関西地方には、商売繁盛の神として、えびすさまをまつる神社が数多くあります。

　それらの神社では1月10日に「十日えびす」とよばれる祭りがおこなわれています（→29ページ）。この祭りでは、大判小判などの縁起ものをつけた「福笹」や、えびすさまや鯛のつくりものをざるや箕*1に入れてかざった「福ざる」「福箕」などの縁起ものが売られ、たくさんの参拝者でにぎわいます。

　いっぽう、東京など関東地方の神社では、商売繁盛を願う「酉の市」が11月の「酉の日*2」におこなわれます。酉の市では、宝船にのった七福神、大判小判、松竹梅などがかざられた「熊手」が売られます（→29ページ）。

　十日えびすの福笹も、酉の市の熊手も、さまざまな人が購入して、一年の幸福を願います。とくに商売をする人たちは、大きな福ざるや熊手を買って帰り、店にかざって商売繁盛を祈願する習慣があります。

* 1 「箕」は、収穫した稲のもみを入れてふり、もみがらと米とによりわけるための、ざるのかたちをした農耕用具。
* 2 酉年とおなじように、十二支の考えを日にちにあてはめたもの。12日ごとにめぐってくるため、11月の月はじめに最初の酉の日がきた年は3回、中旬にきた年は2回、酉の市がおこなわれる。
* 3 竹製で熊の手のようなかたちをした道具。落ち葉などをかきあつめるのにつかう。

熊本県の熊本新港の名物、大漁と航海の安全を願う恵比寿大明神。

もくじ

- ゆたかなくらしを願う●松尾恒一………2
- ◆豊作を願う祭り　◆三重・正月堂修正会…8　◆静岡・蛭ヶ谷の田遊び…10
- もっと知りたい　奈良県各地の神社の田遊び……12
- まだある、神社の田遊び……13　香川・御田植祭／岡山・御田植祭
- ◆広島・塩原の大山供養田植…14
- ◆収穫を感謝する祭り　◆沖縄・豊年祭（西表島）…16　◆沖縄・豊年祭（黒島）…17
- ◆鹿児島・秋名アラセツ行事（奄美大島）…18
- もっと知りたい　日本各地の、豊作を願い感謝する祭り………20
- 和歌山・那智の火祭／新潟・亀塚練馬／鳥取・上淀の八朔綱引き／山口・笑い講
- ◆豊漁を願う祭り　◆神奈川・船おろし…22　◆宮城・塩竈みなと祭…24
- ◆北海道・アシリチェプノミ…26　◆大分・ホーランエンヤ…28
- もっと知りたい　商売繁盛を願う祭り………29　大阪・十日戎／兵庫・十日えびす
- くらしのなかの身近な祭り　大みそかの習慣／新年の行事………30
- さくいん………31

図鑑の見方

この本では、日本の歴史や文化などに由来のあるいろいろな祭りを紹介しています。

- ●祭りがおこなわれる都道府県名
- ●祭りの名前
- ●祭りがおこなわれる神社やお寺、地域の名前
- ●おおまかな場所
- ●関連する情報
- ●祭りの期間
- ●祭りのようすがわかる大きな写真

※本文は「祭り」で統一していますが、各地の祭りについてはその地方での表記にしたがいました。

豊作を願う祭り

三重 正月堂修正会

伊賀市 観菩提寺

期間 2月11日～12日

正月は現在、家族ですごすのが一般的ですが、かつては村の人びとが集まって神社や寺で祝うものでした。三重県伊賀市島ヶ原の正月堂修正会は、むかしながらの正月のすがたを伝えています。

◆願いをこめるそなえもの

三重県伊賀市島ヶ原地区では、観菩提寺正月堂の観音さまにささげるために、五段重ねの大きな丸もち（大餅）がつくられます。この丸もちの上には、「鬼頭」という鬼の顔のつくりものがのせられるのも特ちょうです。鬼頭は、シュロの皮でつくられた頭に、みかんの目玉や大根の耳、栗をならべてつくった口や鼻などの顔がつけられています。もちや野菜、くだものには、その年の秋、米や畑のみのりがゆたかであるようにとの願いがこめられています。もちや造花をつけた松のかざり、大だわらなどは、「頭屋」とよばれる、年ごとに決められる講*1の当番の家でつくられます。

*1 信仰や人びとの助け合いを目的とした集まり。

正月には、講の当番の家に集まって、もちにのせられた鬼頭が見まもるなか、新年を祝う。

講ごとに、正月堂に鬼頭やもちを奉納する。

鬼頭、五枝の松、豊年俵、大餅などお寺に奉納されたそなえもの。

◆お堂へのねりこみ

2月11日の「大餅会式」では、いさましい「大餅ねりこみ」がおこなわれます。講ごとに頭屋に集まった人びとが、もちや鬼頭、造花などのかざりものをかかげ、「エット、エトー！」と口ぐちにさけびながらいせいよく正月堂に入り、そなえものを観音さまにささげるのです。講どうしが堂内でいっしょになると、かつてはけんかになることもめずらしくありませんでした。

観音さまにそなえものをささげおわると、手びょうしをして、お堂の床板をふみならし、伊勢音頭を歌って、ばんざいをとなえて祝います。

◆僧侶による古代仏教の祈り

翌日の12日には、本尊*2である十一面観音の前で、僧侶による祈願がおこなわれますが、たんにお経を読むだけではありません。病をはらうための、密教*3儀式も伝えられています。これらは、奈良・平安時代に当時の中国から伝えられた、古代の仏教儀礼の作法がもとになっています。

十一面観音の厨子*4を、僧侶たちが木の棒でたたく作法も特ちょう的です。春になったことを伝え、観音さまに目をさましてもらうためだといわれています。

*2 そのお寺でまつられているもっとも重要な仏像。
*3 一般の人びとに教えをとくのではなく、仏門に入ったものだけに伝えられる仏教のこと。
*4 仏像などをおさめる開き戸のついた物入れ。

僧侶が儀式のなかで、たいまつをふりかざし堂内をきよめる。

静岡 蛭ヶ谷の田遊び

田遊びは、舞や歌などとともに、田打ち、しろかき、もみまき、田植え、稲かりなどの農作業をまねた演技をする芸能です。その年の豊作を願って、年のはじめにおこなわれる神事です。

牧之原市 蛭児神社

期間 2月中旬

◆農耕をまねた祭り

静岡県牧之原市の田遊びは、鎌倉時代にはじまったと伝えられていて、蛭児神社の境内でおこなわれます。役を演じる人びとは、白い和紙でつくった紙垂のかざりがついた笠をかぶり、茶色の着物に白のたすきをかけ、はかまをはいて登場します。木を積みかさねたかがり火の前で、稲作の所作をまねた演目を演じて、その年の豊作や子孫繁栄を願うのです。楽器による伴奏がなく、演じる人のせりふと舞だけでおごそかにおこなわれるのが特ちょうです。

舞は夕ぐれにはじまり、夜おそくに終了するまで約5時間演じられる。

◆さまざまな演目

↑ほだこぞう

● 矢おさめ　梅の小枝でつくった弓と矢をもった田打ち（耕作のために田をほりかえすこと）の親方が本堂に入る。

● ほだ引き　十数人でもつ、太いなわの輪のなかに田打ちの親方が立ち、ほだこぞう（杉の葉をたばねた人形）をむすんだなわを若者たちがはげしく引きまわす。

● 里田打ち　たるを中央におき、そのまわりを10人ほどの若者がとりかこみ、神がみをまねく歌をうたいながら、たるを竹でたたく。

● きねふり　きねをもって舞う。

● 四方切り　東南西北の四方にむかい、太刀や木刀をもって地をはらいきよめる舞をおこなう。

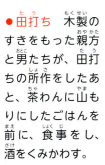

● 田打ち　木製のすきをもった親方と男たちが、田打ちの所作をしたあと、茶わんに山もりにしたごはんを前に、食事をし、酒をくみかわす。

● 牛ほめ　頭から茶色の上着をかぶった人が木のたるの上にふせ、牛役になる。親方ともうひとりは牛をほめる所作のあと、杉の葉をたばねたものをもって舞う。

● 麦つき　おなかのなかに赤ちゃんのいる役の人（はらみ女）と白い和紙でつくった笠をかぶった男が登場し、ふたりできねをつかって麦をつく。

● 稲かり　木製のかまをもった3人の若者が、稲かりをする。すべての演目が終了すると、ほだこぞうは本殿わきの梅の木にくくりつけられる。

● 田植え　夫婦、ほだこぞうをせおった子守り、菅笠をかぶった手伝いが、苗に見たてた杉の小枝をもち、葉をちぎって放りながら輪をつくってまわる。

● 魚つり　麦つきを終えたふたりの前でさおをもったふたりの若者が、魚をつりあげる。

もっと知りたい

奈良県各地の神社の田遊び

　田遊びとは、年のはじめにあたり、稲作を中心に１年間の農作業のようすを演じ、あらかじめ、その年の豊作を祝う行事です。もともとは、田の神さまを活気づける目的があったといわれています。「御田」「御田植祭」などともよばれています。

　全国各地の神社で田遊びがおこなわれていますが、とくに奈良県には、年のはじめに稲作に関する祭礼が数多く伝えられています。その理由は、奈良盆地が中近世から近畿地方の穀倉地帯だったからだと考えられています。

　奈良県橿原市にある畝火山口神社では、２月28日に五穀豊穣を祈願する御田植祭がおこなわれます。ひょっとこの面をかぶった「田男」、牛のかぶりものをした「牛」、てんぐの面をつけた「牛つかい」が、田植え作業のようすをおもしろおかしく演じます。

　おなじく奈良県葛城市の葛木倭文坐天羽雷命神社の「おんだ祭」（４月15日に近い土曜日）では、境内の神田に見立てたところで、小学生男子の牛役４人と、おとなの田男役４人によって田植え作業が演じられます。牛が農耕作業のとちゅうで産気づき無事に子牛を出産する場面が特ちょうです。

畝火山口神社の御田植祭では、ひょっとこと天狗が田植え作業を演じる。写真は牛にすきをつけて田をたがやしているところ。

葛木倭文坐天羽雷命神社のおんだ祭。写真はめでたく出産をすませ、親牛と子牛がよりそうところ。

まだある、神社の田遊び

田遊びには、神社内の神田で実際の田植えがおこなわれるもの、神社の境内を田んぼに見立てて稲作の過程をおもしろおかしく、またはおごそかに演じてみせるもの、歌や舞がひろうされるものなど、それぞれの神社で特色ある祭りがおこなわれています。

香川　御田植祭①
琴平町・金刀比羅宮／4月15日

「こんぴらさん」とよばれて親しまれる金刀比羅宮の御田植祭では、古くから伝わる歌にあわせて、田をたがやすところから種まき、田植え、収穫までのようすが再現されます。神職がくわで耕すしぐさをしたり、田に見立てたところを牛によって耕すまねをしたりしたあと、巫女による田舞がひろうされます。田舞は、田植えから収穫までのようすをそのまま舞で表現したものです。

岡山　御田植祭②
岡山市・吉備津彦神社／8月2日〜3日

全国でもおそい時期におこなわれる吉備津彦神社の御田植祭の特ちょうは、「御斗代神事」（2日夜）と「御幡神事」（3日夕方）です。御斗代神事では、風と水の神さまをまつった「鶴島」と「亀島」に稲の苗が運ばれ、風水害がおこらないよう願います。御幡神事では、十数本の御幡の先につけられた扇を観衆がとりあいます。この扇を田畑に立てると病気や害虫をふせぐといわれています。

広島 塩原の大山供養田植

庄原市東城町

期間　4年ごとの5月31日

中国地方では、女性たちが歌にあわせて田植えをする「花田植」がおこなわれる地域が多くあります。なかでも、東城町塩原地区の大山供養田植は規模の大きなものとして、国の重要無形民俗文化財に指定されています。

◆牛馬をたいせつにする大山信仰

中国地方の山間部は、古くから牛や馬の守護神である大山智明大権現への信仰がさかんだった地域です。この大山信仰と田植えがむすびついたのが大山供養田植です。なくなった牛馬のたましいを供養し、現在はたらいている牛馬の安全を願う行事と、花田植がいっしょにおこなわれます。

機械化が進む以前の農耕では、牛馬が大きな役割をはたしていました。また、塩原地区の周辺では、かつて製鉄もおこなわれていて、牛馬はさまざまなものの運搬にになっていました。生活をささえてくれる牛馬をたいせつにする気持ちが、いまに伝えられているのです。

「左下」が太鼓を打ちならし、「早乙女」が苗を植えていく。

豊作を願う祭り

◆はなやかな田植踊り

　大山供養田植は、古くは不定期におこなわれていましたが、現在では4年に一度、石神社前の水田で公開されています。この祭りでは、田植踊り、供養行事（たなくぐり）、しろかき*1、太鼓田植、お札おさめの5つの行事がおこなわれます。

　田植踊りでは、てんぐの面をつけた「つゆはらい」、拍子木をもった「音頭取」、こっけいな面をつけた「ササラスリ」、太鼓をさげた「左下」、おそろいのゆかたを着た「早乙女*2」などが列をつくって進み、田植えの所作をまねた踊りをひろうします。

◆供養行事と田植えのようす

　田植踊りのあとは、かざりをつけられた牛たちが、門のようなかたちをした供養だなをくぐり、おはらいをうけます。その後、牛たちは田植えをおこなう田にむかいます。この田のあぜ*3には、田の神さまをむかえる「サンバイ（ヤシロ）」がつくられます。牛たちがしろかきをおこなったあと、かすりの着物を着た早乙女たちが、左下衆の太鼓にあわせて田植えをします。左下や早乙女が歌をうたい、ササラスリが手にもったササラ*4で早乙女をつついてわらいをさそうなど、楽しいふんいきのなかでおこなわれます。

かざりをつけられた牛たちが田んぼに入る。右上の写真は、あぜにつくられたサンバイ。

* *1 田植えのために、田に水をいれて土をくだいてかきならす作業。
* *2 稲の苗を水田に植えつける若い女性をいう。
* *3 田と田のあいだに土をもりあげて、水が外にでないようにしたもの。田の境界をしめすとともに、通路にもなる。
* *4 竹をたばねてつくった長いたわしのような道具で、食器やなべをあらうのにつかう。

扇子と榊をもって先導役をつとめる「つゆはらい」。

神職と僧侶が向かいあってすわる供養だな。

神仏そろっておこなう供養

　神社とお寺は、もとづく宗教が神道と仏教とでことなるため、どちらか一方が祭りをとりおこなうことが一般的です。しかし、大山供養田植では、供養だなに神社の神職とお寺の僧侶の両方がいます。それは、神さまである大山智明大権現は、仏さまである地蔵菩薩の化身だとする、神仏習合（日本古来の神道と外来宗教である仏教とがむすびついた信仰）の考えによります。神仏ともに牛馬の供養と安全を祈るのも、この祭りの特ちょうです。

収穫を感謝する祭り

沖縄 豊年祭（西表島）

沖縄本島よりさらに南西にある八重山諸島（石垣島・西表島など）でも、琉球国時代から漁業とともに稲作がたいせつな仕事でした。豊作を願い、実りに感謝する行事が、島ごとの特色を見せながらうけつがれています。

西表島の祖納・干立地区

期間 7月下旬の2日間

◆八重山諸島の稲作行事

亜熱帯の地域にある八重山諸島では、1月に田植えをします。4月ごろには実りを祈る「世願い」、6月には初収穫の「初穂がり」、かりとりが終わる7月には豊作を神さまに感謝する「豊年祭（プーリー）」がおこなわれます。9月ごろ、新たな年を意味する「節祭」がおこなわれ、その年の豊作を感謝し、翌年も稲が豊かに実るよう祈願されます。

◆締めはつなひき

西表島の豊年祭は2日間にわたっておこなわれ、最後に大つなひきで終了します。つなひきにつかわれるつなは、その日の朝はやくから集落の若者たちによってつくられます。西が勝つと翌年が豊作になり、東が勝つと翌年は子どもがたくさん生まれるといわれています。

つなは、その年に収穫した稲のわらであみあげられる。円内の写真は、祈りをささげる人たち。

沖縄 豊年祭（黒島）

竹富町 黒島の宮里海岸

期間 7月下旬の日曜日

八重山諸島にある黒島の豊年祭の見どころは、集落どうしで争う「ウーニ・パーレー競漕」です。そのほか、「ミルク行列」や「棒術」など、さまざまな芸能が神さまに奉納されます。

◆沖縄の競漕行事

土地がサンゴ礁でできていて農耕にむかない黒島では、かつて西表島に船でわたって耕作をし、収穫した稲を船に積んで、黒島に運びました。黒島の豊年祭では、ハーリー船でおこなう競争＊「ウーニ・パーレー競漕」が重要な行事としておこなわれますが、その船は、収穫した稲穂を運ぶためにつかわれた船です。

ハーリー船で競いあう。

◆ニライカナイからくる神さま

ウーニ・パーレー競漕のあと、伝統にのっとったさまざまな芸能がおこなわれます。そのひとつが「ミルク行列」です。ミルク（弥勒）は豊作や幸福をもたらしてくれると信仰されている神さまです。ハーリー船で、海のかなたにある異世界「ニライカナイ」からむかえ、感謝をささげます。ミルクは八重山諸島の各地の行事でむかえられますが、海岸で行事がおこなわれるのが黒島の特ちょうです。

ミルクは、稲穂・粟穂をはじめとする五穀の入ったかごをささげもった行列を先導して登場する。

＊竜をかたどった船で競争し、海の神さまに航海安全や豊漁を祈る行事。

鹿児島 秋名アラセツ行事（奄美大島）

龍郷町秋名

期間 8月下旬～9月（旧暦8月最初の丙の日）

鹿児島県の奄美大島では、海のかなたにあると信じられてきた異世界「ネリヤカナヤ」から神さまやたましいをまねきよせ、五穀豊穣への感謝を伝え、翌年の豊作を願う「アラセツ」とよばれる行事がおこなわれます。

◆収穫後におこなわれるアラセツ

アラセツは、漢字では「新節」と書き、新年を意味します。稲の収穫は、年がかわる重要な節目となっていたのです。行事は、山で豊作を祈る「ショチョガマ」と、海で豊作を祈る「平瀬マンカイ」からなります。こういった行事は奄美大島の各地でおこなわれていたようですが、現在でも行事が伝わっているのは秋名だけで、国の重要無形民俗文化財に指定されています。

祭りの数日前、山から木や竹を切りだして片屋根の小屋をつくる。

◆豊作を祈願するショチョガマ

　ショチョガマは、山の中腹にたてられた片屋根の小屋のことです。日の出の前、小屋の上で太鼓が打ちならされ、その年に生まれた男の子を屋根の上にのせて健康を祈ります。小屋の左右には祭壇がおかれ、ここで豊作祈願がおこなわれます。豊作をよろこび感謝する豊年歌がうたわれると、屋根の上に男性や子どもたちがのって、「ユラ・メラ」とかけ声をかけながらゆり動かし、太陽が東の山の上にでる直前にたおします。その後、たおれた屋根の上で豊作を祈る「八月踊り」をし、ショチョガマの行事が終わります。

◆海から稲のたましいをまねく平瀬マンカイ

　平瀬マンカイは、夕方の満潮の時刻にあわせて、秋名湾にある「神平瀬」と「女童平瀬」というふたつの岩でおこなわれます。神平瀬には5名の「ノロ」役の女性が、女童平瀬にはノロの補佐をする役など7名の男女がのぼります。「マンカイ」とよばれる手まねきをしながら、太鼓を打ちならし、ふたつの岩のあいだで歌のかけあいがおこなわれます。内容は、海から稲のたましいをまねいて五穀豊穣に感謝し、翌年の豊作を祈願するというもの。歌が終わると、ノロは手をあわせて祈りごとを唱え、ネリヤカナヤの神さまに対して礼拝します。その後、浜でスス玉踊りが、広場で八月踊りが踊られ、行事が終わります。

ノロ役の女性たちと、ノロの補佐役の男女が向かいあって歌のかけあいをする。

琉球時代からつづく女性宗教者

　かつての琉球国の支配地である奄美大島や沖縄本島、宮古・八重山地域では、「ノロ（祝女）」や「ツカサ（神司）」とよばれる女性宗教者が、農耕や航海にかかわる、集落の共同祈願の行事をおこなってきました。これらの女性宗教者は地域から選ばれて、祈願をおこなう神聖な場所である御嶽（「ウガン」「オン」などともよばれる）において祭祀をおこなってきました。こういった独特な民間信仰は、現在の沖縄や奄美大島にもうけつがれています。

『南島雑話』にかかれた「琉球時代の奄美大島の祝女」。（奄美市立奄美博物館所蔵）

もっと知りたい

日本各地の、豊作を願い感謝する祭り

　日本では、一年をとおして、各地で豊作を願い感謝する祭りがおこなわれています。田植えがはじまる前におこなわれるもの、稲穂の成長を祈願するもの、収穫を終えて神さまへの感謝の気持ちを伝えるものなど、その内容もさまざま。特色のある祭りをうけついでいる地域もあります。

和歌山　那智の火祭①
那智勝浦町・熊野那智大社／7月14日

那智の火祭は通称で、正式には「扇祭」という。農業にかかせない水や火に感謝の気持ちをささげ、五穀豊穣を祈る。午前中に、田楽舞（「那智の田楽」）や御田植式などが奉納され、午後には、熊野那智大社にまつられている12体の神さまが扇神輿にうつされ、12本の大たいまつのほのおできよめられた参道をとおり、滝の前にある飛瀧神社へ里がえりする。田刈式、大たいまつをもった人びとによる那瀑舞が奉納されて祭りは終わる。

新潟　亀塚練馬 ②
聖籠町亀塚地区／1月27日以前で27日にいちばん近い土曜日

亀塚練馬は、約300年前、亀塚地区の神社が火事で全焼したことから、厄をはらい、五穀豊穣や無病息災を祈るためにはじめられたとされる。稲のわらでつくった巨大な「練馬（しめなわ）」を、数え年*で19さいになる若者と、数え年42さいの男性がかつぎ、集落内をねりあるいて神社に奉納する。「いっぽんなれや」のかけ声にあわせて練馬を投げあげるが、奉納するまで地面に落としてはならない。落とすとかつぎ手は一晩じゅう海につけられ、男性総出で練馬をつくりなおし、数え年18さいの若者がかわって奉納する。

*生まれた年を1さいとして、正月がくるたびに1さいずつ足してかぞえた年れい。

鳥取　上淀の八朔綱引き ③
米子市淀江町福岡・上淀地区／9月第1日曜日

「八朔」とは八月朔日の略で、旧暦の8月1日のこと。この時期には台風がくることが多く、田の神さまに稲穂の成長や豊作を祈願する行事をおこなう地域が多い。上淀地区では、わらでつくった大蛇をかついで神木のまわりをまわったあと、つなひきをおこなって豊作をうらなう。八朔につなひきをおこなう風習は、鳥取県の一部と兵庫県但馬地方に伝えられてきたが、現在でものこっているのは上淀地区のみとされる。

山口　笑い講 ④
防府市台道・小俣地区／12月第1日曜日

笑い講は、鎌倉時代にはじまったとされる祭り。農業の神さま「大歳神」をむかえ、上座と下座にすわる二人一組が榊を手に、宮司がたたく太鼓の音にあわせて大声で3回わらいあう。1回目は今年の豊作をよろこび、2回目は来年の豊作を祈り、3回目は今年の苦しみや悲しみをわすれるためのわらいとされる。わらい声が小さかったり、わらい方が不まじめだったりすると、何回でもやりなおしをさせられる。

豊漁を願う祭り

神奈川 船おろし

鎌倉市の「船おろし」は、漁師の仕事はじめの儀式です。年のはじめにおこなわれ、去年の漁の無事に感謝し、今年の豊漁と安全を祈ります。

鎌倉市
坂ノ下海岸・
材木座海岸

期間 1月2日

◆船を守る「船霊」

船霊は、船のたましいであり、航海の安全を守る守護神です。船の帆柱の下に宿るといわれています。船おろしは、大漁つづきであるように、事故がなく安全に漁をできるようにと、船霊に祈る祭りです。

ふだんはシラスや地魚の漁につかわれている漁船が、大漁旗をかかげ、船先に松をかざる。

◆大漁旗がはなやかな祭り

　船おろしでは、船は宝船に見立てられ、松がかざられ、酒などがそなえられます。漁師たちはそれぞれの船から海にむかって、新しい年の宝として、みかんやお金、お菓子を投げます。みかんは黄金に見立てたもので、海に投げた黄金が漁によってかえってくるようにとの願いがこめられています。浜に集まった見物客は、子どももおとなも投げられたお菓子やお金をきそうようにひろいます。ひろったお金は、新たな年の福として、たいせつにもちかえります。

船の上からお菓子を投げる船主。ひとつの船が投げおわると、つづいて次の船がすぐに投げはじめる。

汐まつり

　坂ノ下海岸と材木座海岸では、1月11日にも豊漁と安全を祈願する祭りがおこなわれます。浜に4本の竹を立ててしめなわをはり、海にむかって酒などをそなえた祭壇をつくり、神社の神職による神事のあと、神楽が奉納されます。

宮城 塩竈みなと祭

塩竈市
志波彦神社・
鹽竈神社

期間　7月第3月曜日
（海の日）

祭りの舞台となる鹽竈神社は、むかしから東北地方の平安を見まもってきた格式ある神社です。ここから神輿をだしておこなわれる塩竈みなと祭は、海上の安全と大漁を祈願し、港町としてさかえる塩竈の経済発展を願う祭りです。

◆年に一度の神さまの里がえり

　鹽竈神社の祭神である塩土老翁神は、東北地方をおさめようとやってきた神さまたちの道案内をして、海からわたってきたと伝えられています。塩竈みなと祭は、年に一度、この祭神ののった神輿を海へ運び、日ごろの感謝をしめす祭りです。

　神社での神事のあと、志波彦神社・鹽竈神社からそれぞれの神輿（約1トンの重さ）をかついだ白装束の男性たちが、「表坂」とよばれる202段の急な石段をおり、市内をめぐったあと、港に待つ御座船*1「鳳凰丸」「龍鳳丸」にのりいれます。

志波彦神社の神輿をのせる龍鳳丸。

*1　身分の高い人がのる船。
*2　御幸（天子または上皇・法皇などの外出）などの行列にくわわる船。

豊漁を願う祭り

◆はなやかな海上渡御

それぞれの神輿をのせた2せきの御座船が港を1周してから沖へでていくと、大漁旗をかかげた100せきほどの「供奉船*2」がともに海を進んでいきます。神輿の「海上渡御*3」は東北地方ではじめての試み。江戸時代に、仙台藩で実施された松島湾内遊覧のための御用船*4が原点だといわれています。日本三景のひとつといわれる松島湾内を色とりどりの豪華けんらんな船がたくさんわたっていくようすから、塩竈みなと祭は日本三大船祭りのひとつにかぞえられています。

海から御座船と供奉船がかえってくると、神輿は船をおりてふたたび市内をまわり、再度202段の急な石段をのぼって神社にもどり、祭りが終了します。

海上渡御を終え、神社の急な石段を力のかぎりのぼっていく神輿。見守る人びとから歓声があがる。

鹽竈神社の神輿をのせる鳳凰丸。「震災復興」「海上安全」「大漁祈願」など人びとの願いをのせて海上を進む。

各地で平安を見まもってきた一宮

鹽竈神社（写真）は「陸奥国一宮」といわれます。陸奥国とは、かつての日本でつかわれていた地名で、現在の福島県・宮城県・岩手県・青森県・秋田県の一部にあたります。一宮とは、その地域のなかでもっとも格式の高い神社のことです。むかしは、現在の都道府県のような地域区分の「国」があり、それぞれに一宮がありました。

一宮は地域のなかでもとくに歴史や由緒がある神社であり、その地域の平安を守る神社として、人びとの尊敬を集めていました。

＊3 船にのせて海を渡すこと。
＊4 幕府や諸藩が荷物の運搬などを委託した民間の船。

北海道 アシリチェプノミ

北海道各地

期間 9月ごろ

アイヌ民族は、かつて東北地方北部から北海道、サハリン(樺太)、千島列島に及ぶ広い範囲をアイヌモシリ(人間の住む大地)としてくらしていました。
アイヌの人びとは、自然にあるものすべてにたましいがあると信じ、あらゆるたましいをうやまいながらくらしてきました。

◆動物のたましいを送る儀式

アシリチェプノミは、「新しいサケを迎える儀式」という意味のアイヌ民族の伝統儀式です。川をのぼってきたサケをむかえ、その年の豊漁を願います。

アイヌ民族の伝統漁具をつかってサケをとり、民族衣装に身をつつんだ人びとがいろりをかこんで祭壇にむかって神がみに祈りをささげます。この儀式は、明治政府がサケ漁を禁じたことからほとんどとだえていましたが、1982年、約100年ぶりに豊平川でおこなわれました。その後、登別や千歳、白老など、道内の各地でもおこなわれるようになりました。

◆アイヌ民族の伝統文化

アイヌの人びとは、動植物や自然現象など、自然にあるあらゆるものにカムイがやどっていると信じています。「カムイ」はアイヌ語で「神」もしくは「霊的な存在」を意味しますが、アイヌの人びとにとっては、カムイとは、あらゆるものに宿り、人間にはない能力をもつ、恩恵をもたらす存在で、信仰の対象になっていました。

伝統漁具マレク（かぎもり）でサケをとる（千歳地方）。

◆翌年の猟のゆたかさを願う儀礼

アイヌの人びとは、ヒグマはカムイが人間界（アイヌモシリ）にあらわれるときの「仮のすがた」だと信じてきました。冬の終わりから春にかけて「イオマンテ」とよばれる伝統儀式がおこなわれます。これは、2年ほど前の冬に捕らえ、大切に育ててきたクマの子を、祭壇にまつり、皮や肉を授けてくれたカムイを、歌や踊りでていねいにカムイの世界（カムイモシリ）へ送りかえす儀礼です。

イオマンテでおこなわれる、クマの霊を送る踊り（白老地方）。
©アイヌ民族博物館

お神酒をささげ、神がみに感謝の祈りをとなえる（千歳地方）。

日本の先住民族

日本列島には古来から、琉球の人びと、アイヌ、ウィルタ、ニヴフなどとよばれる先住民族や朝鮮民族などが住んでいました。

アイヌ民族はかつて、東北地方北部から北海道、サハリン（樺太）、千島列島などに広く住んでいました。かれらはアイヌ語という独自の言葉を話し、独特の文化を守ってきました。ところが日本政府からアイヌ語の使用を事実上、禁じられたり、むかしから住んでいた土地が、あとからやってきた人たちによってうばわれたりして、アイヌの人口は、どんどんへってしまいました。

近年になってアイヌの文化を復興しようという声が高まってきました。日本政府も、1997年に「アイヌ文化の振興並びにアイヌの伝統等に関する知識の普及及び啓発に関する法律」をつくり、アイヌの文化の振興にのりだしました。

大分 ホーランエンヤ

豊後高田市

期間 1月上旬

「ホーランエンヤ」という祭りは、島根県松江市、広島県尾道市、大分県豊後高田市に伝わっています。地域の発展や五穀豊穣、豊漁を祈願するおなじ名前の行事ですが、それぞれことなる起源をもち、ことなる時期におこなわれています。

◆江戸時代からつづく新年の行事

　大分県豊後高田市のホーランエンヤは、江戸時代中期、年貢の米を船で運んでいた人びとが、航海の安全や豊漁を祈るための行事としてはじまりました。かつては元旦の早朝におこなわれていましたが、現在では日中に満潮になる時間を考えにいれて日程が決められています。

　祭りの主役は、大漁旗や色とりどりのかざりをつけられた宝来船です。白いふんどし姿のこぎ手たちと、お囃子にあわせて舞う大黒役と恵比寿役の少年ふたり、はっぴを着た関係者がのりこみます。

◆つめたい川にとびこむ若者たち

　宝来船は、まず桂川の下流にむかい、琴平宮に参拝します。そのあと旋回して上流の若宮八幡宮をめざし、「ホーランエンヤ、エンヤサノサッサ」といういさましいかけ声とともに上げ潮にのってこぎあげます。

　宝来船からは、左右の川岸に集まった見物人にむけて、紅白のもちが投げられます。川岸の見物人から、酒などの祝いの品やそなえものがさしだされると、こぎ手の若者が真冬の川に飛びこみ、泳いで品物をうけとりにいくのです。若宮八幡宮に船がつくと、こぎ手たちが参拝し、祭りが終わります。

もっと知りたい

商売繁盛を願う祭り

古くから「商人の町」としてさかえてきた大阪を中心として、関西地方では1月10日とその前後に「十日えびす」という祭りがおこなわれます。

大阪 十日戎 ①
大阪市浪速区・今宮戎神社／1月9日～11日

©大阪観光局

©大阪観光局

今宮戎神社の「十日戎」は、毎年100万人以上の参拝者がおとずれます。「商売繁盛で笹もってこい」という大きなかけ声がひびくなか、参拝を終えた人びとは、「吉兆」とよばれる縁起ものをつけた福笹や、えびすさまがついた福ざるや福箕を買ってもちかえります。商売の町の大阪らしい活気にあふれた祭りです。

兵庫 十日えびす ②
西宮市・西宮神社／1月9日～11日

西宮神社の「十日えびす」で特ちょう的な行事は、10日におこなわれる「開門神事福男選び」です。日づけが10日にかわったばかりの深夜、神社のすべての門を閉鎖。早朝6時、大太鼓を合図に表大門が開かれると、門の前に待ちかまえていた参拝者が本殿にむかって「走り参り」をします。本殿に到着した順番に1番から3番までが、その年の「福男」に認定されます。

酉の市

関東地方では、商売繁盛を願って開かれる祭り「酉の市（おとりさま）」が11月の酉の日におこなわれています。これは、かつて鷲神社や大鳥神社といったワシや鳥にちなむ神社や寺院の祭礼でしたが、現在ではさまざまな寺社でおこなわれるようになっています。

くらしのなかの身近な祭り

◆大みそかの習慣

かまどをつかっていたむかしは、正月をむかえる前に、その年にたまった天井やえんとつのすすをはらっていました。これを「すすはらい」といいますが、現在は「大そうじ」として、家じゅうのそうじをします。新しい年の神さま「年神さま（→2ページ）」をむかえるために、家をきれいにするといった信仰よりはじまりました。

こうして、家族がそろって年こしそばを食べ、寺でつかれる除夜の鐘のひびきを聞きながら、家におとずれる年神さまをむかえるのが、むかしからくりかえされてきた大晦日の家庭のようすです。

年こしそばの風習が広まったのには「そばのように『細く長く』生きることを願う」「そばは切れやすいことから、一年の苦労を断ち切る」などいろいろな説があります。

大みそかの縁起ものである年こしそば。かけそばでもざるそばでもいいが、年をこしてから食べるのは縁起がわるいといわれる。

◆新年の行事

年が明けたら、神社やお寺に「初もうで」をし、一年の家族の健康などを祈ります。1月7日には、せり、なずな、ごぎょう（おぎょう）、はこべら、ほとけのざ、すずな、すずしろをいれたかゆを食べる「七草がゆ」の行事がおこなわれ、一般的に七草をきざんで入れた塩味の白いかゆを食べます。地方によって具材がことなったり、ぞうすいにしたてたり、あえものやおひたしにしたりと、さまざまなちがいが見られます。

七草がゆには、一年を健康にすごせるようにとの願いがこめられています。現代ではおせち料理などを食べてつかれた胃を休めるためともいわれていますが、古代からおこなわれていて、江戸時代には幕府の公式行事となり、武家や庶民にも定着していました。

七草がゆに入れる七草は早春に芽吹くことから、「春の七草」ともよばれる。

さくいん

あ行

アイヌ民族 …… 26、27
アイヌモシリ …… 26
あぜ …… 4、15
海女（あま） …… 5
アラセツ（新節） …… 18
イオマンテ …… 27
一宮（いちのみや） …… 25
今宮戎神社（いまみやえびすじんじゃ） …… 29
ウーニ・パーレー競漕（きょうそう） …… 17
畝火山口神社（うねびやまぐちじんじゃ） …… 12
えびすさま …… 6、29
大歳神（おおとしがみ） …… 21
御田植祭（祭）（おたうえさい（まつり）） …… 12、13
お年玉（としだま） …… 2
鬼頭（おにかしら） …… 8、9
御田（おんだ） …… 12

か行

海上渡御（かいじょうとぎょ） …… 25
かかし …… 4
数え年（かぞえどし） …… 21
葛木倭文坐天羽雷命神社（かつらぎしどりにいますあめのはいかづちのみことじんじゃ） …… 12
カムイ …… 26、27
カムイモシリ …… 27
観菩提寺正月堂（かんぼだいじしょうがつどう） …… 8
吉備津彦神社（きびつひこじんじゃ） …… 13
供奉船（ぐぶせん） …… 25
熊手（くまで） …… 6
熊野那智大社（くまのなちたいしゃ） …… 20
講（こう） …… 8、9
五穀豊穣（ごこくほうじょう） …… 3、12、19、21、28

御座船（ござせん） …… 24、25
金刀比羅宮（ことひらぐう） …… 13
琴平宮（ことひらぐう） …… 28
御用船（ごようせん） …… 25

さ行

早乙女（さおとめ） …… 15
ササラ …… 15
サンバイ …… 15
鹽竈神社（しおがまじんじゃ） …… 24、25
塩土老翁神（しおつちおぢのかみ） …… 24
汐まつり（しお） …… 23
子孫繁栄（しそんはんえい） …… 10
紙垂（しで） …… 3、10
正月（しょうがつ） …… 2、30
ショチョガマ …… 18、19
しろかき …… 15
志波彦神社（しわひこじんじゃ） …… 24
神仏習合（しんぶつしゅうごう） …… 15
厨子（ずし） …… 9
セーマン …… 5

た行

田遊び（たあそび） …… 10、11
大山智明大権現（だいせんちみょうだいごんげん） …… 14、15
大餅ねりこみ（だいひょう） …… 9
ツカサ …… 19
つなひき …… 16、21
頭屋（とうや） …… 8、9
十日えびす（とおか） …… 6、29
年神さま（としがみ） …… 2、3、4、30
年こしそば（とし） …… 30
酉の市（とりのいち） …… 6、29
酉の日（とりのひ） …… 6、29

な行

那智の田楽（なちのでんがく） …… 20
七草がゆ（ななくさ） …… 30
奈良盆地（ならぼんち） …… 12
西宮神社（にしのみやじんじゃ） …… 29
ニライカナイ …… 17
ネリカナヤ …… 18、19
練馬（ねりば） …… 21
ノロ …… 19

は行

ハーリー船（せん） …… 17
八朔（はっさく） …… 21
初もうで（はつ） …… 30
花田植（はなだうえ） …… 14
平瀬マンカイ（ひらせ） …… 18、19
福男（ふくおとこ） …… 29
福笹（ふくざさ） …… 6、29
福ざる（ふく） …… 6、29
福箕（ふくみ） …… 6、29
船おろし（ふな） …… 22、23
船霊（ふなだま） …… 5、22
宝来船（ほうらいせん） …… 28
ほだこぞう …… 11
本尊（ほんぞん） …… 9

ま行

密教（みっきょう） …… 9
ミルク（弥勒）（みるく） …… 17
陸奥国（むつのくに） …… 25

ら行

琉球国（りゅうきゅうこく） …… 16、19

わ行

若宮八幡宮（わかみやはちまんぐう） …… 28

■監修・著

松尾　恒一（まつお　こういち）

1963年東京都生まれ。國學院大學大学院文学研究科博士後期課程修了。國學院大學文学部助教授、同日本文化研究所兼担助教授等を経て、現在、国立歴史民俗博物館・総合研究大学院大学教授。民俗芸能学会、芸能史研究会、日本民俗学会、儀礼文化学会会員。民間宗教や宗教儀礼・芸能史を専門としており、著書に『延年の芸能史的研究』（岩田書院）、『物部の民俗といざなぎ流』（吉川弘文館）、『儀礼から芸能へ　狂騒・憑依・道化』（角川書店）、『東アジアの宗教文化』（編著・岩田書院）などがある。

■写真協力

海人写真家・古谷千佳子／伊賀市／
牧之原市教育委員会／奈良県教育委員会／
民俗写真家・松本純一／民俗写真家・田中眞人／
金刀比羅宮／吉備津彦神社／竹富町観光協会／龍郷町／
奄美市立奄美博物館／和歌山県教育委員会／
熊野那智大社／聖籠町観光協会／鳥取県教育委員会／
防府市観光協会／鎌倉市観光協会／
塩竈市観光物産協会／アイヌ民族博物館／豊後高田市／
大阪観光局（大阪観光コンベンション協会）／西宮神社

この本の情報は、2014年11月までに調べたものです。今後変更になる可能性がありますので、ご了承ください。

企画編集	こどもくらぶ
執筆協力	村上奈美
装丁・デザイン	長江知子・佐藤道弘
ＤＴＰ	株式会社エヌ・アンド・エス企画

みたい！しりたい！しらべたい！
日本の祭り大図鑑③豊作・豊漁を願い感謝する祭り

2015年1月30日　初版第1刷発行　　〈検印省略〉

定価はカバーに表示しています

監修・著者　松尾恒一
発　行　者　杉田啓三
印　刷　者　金子眞吾

発行所　株式会社 ミネルヴァ書房
607-8494 京都市山科区日ノ岡堤谷町1
電話 075-581-5191／振替 01020-0-8076

©こどもくらぶ，2015　　印刷・製本　凸版印刷株式会社

ISBN978-4-623-07233-0
NDC386/32P/27cm
Printed in Japan

四季をとおして、日本各地でおこなわれている祭り。
その由来や意味をさぐる！

みたい！しりたい！しらべたい！
日本の祭り大図鑑
全4巻

監修・著　松尾恒一

27cm　32ページ　NDC386

オールカラー　小学校中学年～高学年向き

❶ 病やわざわいをはらう祭り
❷ 先祖とともにすごす祭り
❸ 豊作・豊漁を願い感謝する祭り
❹ 世のなかの平安を祈る祭り

「妖怪」「神さま」「地獄・極楽」シリーズもおもしろいよ！

みたい！しりたい！しらべたい！　日本の妖怪大図鑑
①家の妖怪
②山の妖怪
③海の妖怪

みたい！しりたい！しらべたい！　日本の妖怪すがた図鑑
①女のすがたをした妖怪
②男のすがたをした妖怪
③動物のすがたをした妖怪

みたい！しりたい！しらべたい！　日本の神さま絵図鑑
①願いをかなえる神さま
②みぢかにいる神さま
③くらしを守る神さま

みたい！しりたい！しらべたい！　日本の地獄・極楽なんでも図鑑
①死んだらどこにいくの？
②地獄ってどんなところ？
③極楽ってどんなところ？

日本各地のいろいろな祭り 東日本

このシリーズで紹介した祭りを都道府県別にしめしています。
みなさんのすんでいる地域にはどんな祭りがあるか、しらべてみましょう。

- ●花祭・12月～1月・東栄町／設楽町／豊根村→①

- ◆蛭ケ谷の田遊び・2月中旬・牧之原市 蛭児神社→③
- ★百八体流灯祭・8月16日・熱海市多賀地区→②

- ★おわら風の盆・9月1日～3日・富山市八尾町→②

- ★吉田の火祭り・8月26日～27日・富士吉田市 北口本宮冨士浅間神社／諏訪神社→③

- ◆だるま市・1月6日～7日・高崎市少林山達磨寺→③

- ★船玉まつり・8月15日・長瀞町→②
- ♥秩父夜祭・12月1日～6日・秩父市 秩父神社→④

- ▲あばれ祭（能登のキリコ）・7月～10月・能登半島全域→①
- ▲敷地天神講・7月24日～26日・加賀市 菅生石部神社→①

- ♥高山祭・4月14日～15日・高山市日枝神社／10月9日～10日・高山市櫻山八幡宮→④

- ★六斎念仏・8月13日～14日・小浜市／若狭町→②

- ◆正月堂修正会・2月11日～12日・伊賀市 観菩提寺→③

- ♥御柱祭・4月上旬、5月上旬（7年ごとの寅と申の年に開催）・諏訪市、茅野市、岡谷市、下諏訪町ほか 諏訪大社→④

- ♥くらやみ祭・4月30日～5月6日・府中市 大國魂神社→④
- ♥神田祭・5月中旬・千代田区 神田明神→④
- ★佃島の盆踊り・7月13日～15日・中央区佃島地区→②

- ◆船おろし・1月2日・鎌倉市 坂ノ下海岸／材木座海岸→③
- ★湘南ひらつか七夕まつり・7月第1金曜日から3日間・平塚市→②
- ▲江の島天王祭・7月14日に近い日曜日・藤沢市 江の島八坂神社／小動神社→①
- ♥鶴岡八幡宮例大祭・9月14日～16日・鎌倉市 鶴岡八幡宮→④

- ▲成田祇園祭・7月7日にいちばん近い金、土、日曜日・成田市 成田山新勝寺→①
- ★鬼来迎・8月16日・横芝光町 広済寺→②

山形県 / 新潟県 / 福島県 / 石川県 / 富山県 / 福井県 / 岐阜県 / 長野県 / 群馬県 / 栃木県 / 愛知県 / 山梨県 / 埼玉県 / 茨城県 / 東京都 / 三重県 / 静岡県 / 神奈川県 / 千葉県